AF224709

SAINT-DOMINGUE.

A Paris, le 17 avril 1825.

CHARLES, etc.,

Vu les articles 14 et 73 de la Charte,

Voulant pourvoir à ce que réclament l'intérêt du commerce français, les malheurs des anciens colons de Saint-Domingue, et l'état précaire des habitants actuels de cette île,

Nous avons ordonné et ordonnons ce qui suit :

Art. 1er. — Les ports de la partie française de Saint-Domingue seront ouverts au commerce de toutes les nations.

Les droits perçus dans ces ports, soit sur les navires, soit sur les marchandises, tant à l'entrée qu'à la sortie, seront égaux et uniformes pour tous les pavillons, excepté le pavillon français, en faveur duquel ces droits seront *réduits de moitié*.

2. — Les habitants actuels de la partie française de Saint-Domingue verseront à la caisse générale des Dépôts et Consignations de France, en cinq termes égaux, d'année en année, le premier échéant au 31 décembre 1825, la somme de cent cinquante millions de francs, destinée à dédommager les anciens colons qui réclameront une indemnité.

3. — Nous concédons, *à ces conditions*, par la présente ordonnance, aux habitants actuels de la partie française de l'île de Saint-Domingue, l'indépendance pleine et entière de leur gouvernement.

Et sera la présente ordonnance scellée du grand sceau.

Donné à Paris, etc.

1846

AU NOM DE LA TRÈS SAINTE ET INDIVISIBLE TRINITÉ.

Sa Majesté le Roi des Français et le Président de la République d'Haïti, désirant, d'un commun accord, mettre un terme aux difficultés qui se sont élevées relativement au paiement des sommes que la République doit à la France sur l'indemnité stipulée en 1825, ont résolu de régler cet objet par un traité, et ont choisi à cet effet pour plénipotentiaires ; savoir :

Sa Majesté le Roi des Français, — les sieurs *Emmanuel-Pons-Dieudonné*, baron *de Las Cases*, officier de l'ordre royal de la Légion d'honneur, et *Charles Baudin*, officier dudit ordre royal de la Légion d'honneur, capitaine de vaisseau de la marine royale ;

Le Président de la République d'Haïti, — le général de brigade *Joseph-Balthazar Inginac*, secrétaire-général ; le sénateur *Marie-Elisabeth-Eustache Frémont*, colonel, son aide-de-camp ; les sénateurs *Dominique-François Labbée* et *Alexis Beaubrun Ardouin*, et le citoyen *Louis-Mesmin Seguy Villevaleix*, chef des bureaux de la secrétairerie générale ;

Lesquels, après avoir échangé leurs pleins pouvoirs respectifs, et les avoir trouvés en bonne et due forme, sont convenus des articles suivants :

Art 1er. — Le solde de l'indemnité due par la République d'Haïti demeure fixé à la somme de soixante millions de francs. Cette somme sera payée conformément au mode ci-après :

Pour chacune des années 1838, 1839, 1840, 1841 et 1842, un million cinq cent mille francs ;

Pour chacune des années 1843, 1844, 1845, 1846 et 1847, un million six cent mille francs ;

Pour chacune des années 1848, 1849, 1850, 1851 et 1852, un million sept cent mille francs ;

Pour chacune des années 1853, 1854, 1855, 1856 et 1857, un million huit cent mille francs ;

Pour chacune des années 1858, 1859, 1860, 1861 et 1862, deux millions quatre cent mille francs ;

Et pour chacune des années 1863, 1864, 1865, 1866 et 1867, trois millions de francs.

Lesdites sommes seront payées dans les six premiers mois de chaque année. Elles seront versées à Paris, en monnaie de France, à la caisse des Dépôts et Consignations.

2. — Le paiement de l'année 1838 sera effectué immédiatement.

3. — Le présent traité sera ratifié, et les ratifications en seront échangées à Paris, dans un délai de trois mois, ou plus tôt, si faire se peut.

En foi de quoi, nous, plénipotentiaires soussignés, avons signé le présent traité et y avons apposé notre sceau.

Fait au Port-au-Prince, le 22ᵉ jour du mois de février de l'an de grâce 1838.

(L. S.) Emmanuel baron DE LAS CASES. —(L. S.) Charles BAUDIN. —(L. S.) B. INGINAC. —(L S.) FRÉMONT. — (L. S.) LABBÉE. — L. S.) B. ARDOUIN. — (L. S.) SEGUY VILLEVALEIX.

Mandons et ordonnons, etc.

EXTRAIT DU JOURNAL DU HAVRE,
Du 8 Octobre 1843.

« Quant, en 1825, la Restauration se décida à reconnaître l'indépendance de notre ancienne colonie de Saint-Domingue, elle attacha à cette reconnaissance certaines conditions ; entr'autres que le Pavillon Français ne supporterait que la moitié des droits imposés aux autres Pavillons, et qu'une somme de 150,000,000 serait payée par cinquième aux colons dépossédés. C'était une bien mince compensation des pertes éprouvées par la France, et des injures qu'elle avait à venger.

Haïti, au moyen d'un emprunt fait à la Bourse de Paris, effectua le premier versement, mais bientôt mille chicanes de mauvaise foi furent alléguées pour éluder de remplir les conditions de l'affranchissement, et, en 1838, la France acquiesça aux exhorbitantes prétentions de la République Noire, en renonçant au privilège du pavillon, et en réduisant à 60,000,000, payables en 30 années, sans intérêts, les 150,000,000, dont 30 seulement avaient été soldés.

« Les arrangements que le Gouvernement français a chargé M. A. Barrot de proposer, peuvent être de deux sortes : ou la République affecterait au paiement de sa dette une partie de ses revenus liquides, pour être perçus sur les lieux par la France jusqu'à parfait acquittement de sa dette, et, dans ce cas, la France aurait droit d'exiger un gage matériel pour sa créance; ou elle s'acquitterait par voie d'échange en cédant à la France une partie de son territoire.

« Nous ne parlons pas d'un troisième moyen, qui consisterait à faire des avantages particuliers au commerce et à la navigation de la France, parce que, déjà expérimenté par le traité de 1825, cette faveur n'a point été maintenue. Mais évidemment, des deux sortes d'arrangements spécifiés plus haut, l'un ou l'autre doit être exigé. Il y a trop longtemps que la République Haïtienne se joue de nous et de ses engagements ; qu'elle donne au monde le spectacle d'une population qui ne sait ni se rendre digne de l'indépendance, ni en supporter les charges ; qu'elle abuse la France par des promesses qu'elle ne tient pas. Nous lui avons fait assez de concessions pour avoir le droit de ne pas pousser plus loin la longanimité.

« Par une faiblesse qui a attiré de justes critiques aux négociateurs, la France, par le traité de 1838, a réduit sa créance de moitié, et fait l'abandon d'un avantage de navigation. Double concession qui ramène à des proportions tout-à-fait insignifiantes le prix de son ancienne colonie. Eh bien ! ce sont ces

conditions, en quelque sorte dérisoires, que la République se re-
fuse à exécuter, ou qu'elle espère éluder, soit en cherchant des
faux-fuyants, soit en prétextant de son impuissance.

« Bien qu'il soit permis de se demander jusqu'à quel point
cette impuissance est réelle ou affectée, admettons la cepen-
dant, mais alors se présente ce dilemme : ou l'impuissance de
remplir ses engagements délie la République d'Haïti, et alors
la France se trouve également déliée de sa reconnaissance, et
rentre dans tous ses droits vis-à-vis d'une colonie insurgée, ou la
République n'est pas libérée de ses obligations par l'impossibilité d'y satisfaire, comme il était convenu, et alors elle doit s'esti-
mer heureuse que la France consente à lui proposer un autre
moyen quel qu'il soit de s'acquitter; car, au cas où elle s'y re-
fuserait, elle donnerait à la France le droit d'aviser....

Se livrer aujourd'hui à des négociations ayant pour objet d'obtenir de nouvelles promesses, *sans garantie*, serait faire jouer à
la France le rôle ridicule d'une grande puissance qui se laisse
berner par des nègres rusés.

« Nous avons dépassé avec Haïti la mesure des concessions, et
il est bien temps que nous obtenions enfin d'autres effets que
des conventions toujours éludées.

« La France doit donc exiger de la République Haïtienne, ou
la cession temporaire d'une des branches de son revenu, ou la
mise en possession d'un point de station à notre convenance »

EXTRAIT DU JOURNAL : LE COURRIER FRANÇAIS,
Du 29 Avril 1844.

« La nouvelle révolution qui vient d'éclater à Haïti n'a pas
simplement un caractère politique : le soulèvement général des
populations, l'établissement à Santo-Domingo d'une junte indé-

pendante, ont brisé les rapports qui existaient tant bien que mal entre la partie espagnole de l'île et le gouvernement central du Port-au-Prince. Quoiqu'un tel événement fut prévu depuis long-temps, car l'extrême misère est fatale aux associations, non moins qu'une trop grande prospérité, le cabinet français n'a pas montré sur ce point plus de vigilance qu'ailleurs. Sa politique extérieure prend à tâche de placer son quiétisme sous la protection d'une perpétuelle imprévoyance ou d'un perpétuel ajournement.

« Nous avons essayé dans un précédent article (1) de dénoncer une politique préjudiciable à la dignité de la France et aux intérêts d'un assez grand nombre de nos compatriotes, en relatant les phases antérieures à la question de Saint-Domingue. Il nous reste à bien caractériser la situation, afin de préciser les nouvelles relations de deux pays indépendants, et d'en déduire les conséquences pratiques.

« Sans revenir sur l'origine de cette nouvelle Société que l'intelligence et les capitaux français avaient constituée, il est impossible de méconnaître l'énorme distance sociale qui sépare Haïti de la plupart des autres nations. Les populations actuellement maîtresses de cette île, ne peuvent revendiquer la propriété du sol, ni en vertu du droit du premier occupant, car les premiers occupants étaient les Caraïbes, ni en vertu du droit de conquête; les conquérants furent les Blancs, ces héroïques races de flibustiers, de boucaniers des temps d'expension grossière de la civilisation chrétienne. Les colons français, espagnols, en fécondant par leur industrie, par leurs efforts intelligents, ces terres vierges, en sont devenus propriétaires à deux titres. Quant aux possesseurs actuels, on sait à quels excès ils

---

(1) Courrier Français, du 20 avril.

ont dû la possession de ce territoire, où eux où leurs ancêtres avaient été importés. La consécration du droit de propriété, ils l'ont trouvée dans des actes de violence, de barbarie, et, postérieurement dans la générosité de la France.

« L'ordonnance de 1825 maintenait en faveur de la Métropole un droit de suzeraineté que le Ministère de 1838 n'a pas su apprécier à sa juste valeur. Outre la clause d'une indemnité de 150,000,000, payables en cinq termes égaux d'année en année, on avait attaché à l'indépendance d'une colonie qui fut le plus important de nos marchés d'outre mer, cette autre condition que *le Pavillon français ne supporterait que la moitié des droits imposés aux autres Pavillons*.

« Bien que les anciens colons se crussent lésés par un traité qui aliénait à leur détriment une propriété dont le capital représente plusieurs milliards de francs, et qui, avant l'insurrection de 1792, donnait lieu à un mouvement commercial de plus de 700,000,000, la France se résigna à une transaction qui promettait du moins de substituer les droits généraux de la civilisation à des intérêts qu'elle regardera toujours comme moins impérieux. La gloire d'amener, au partage de la liberté, une de ses colonies, celle plus grande de chercher la solution d'un problème immense, *l'émancipation possible de la race noire*, firent taire toute récrimination égoïste ; elle crut à une réciprocité de sentiments de la part de ceux qui invoquaient ces principes.

« Les négociations qui suivirent la Révolution de juillet, changèrent cet état de choses. La Métropole cessa d'offrir à sa Colonie un pacte par voie de simple ordonnance royale ; le pouvoir législatif tout entier prit part aux transactions devenues nécessaires par la déloyauté du Gouvernement Haïtien. Dès-lors, disparut tout vestige des anciennes relations de patronage et de dépendance. Le traité du 12 février 1838 ne laissait plus subsister que des clauses matérielles qui plaçaient les deux nations sur le terrain du droit, et non plus sous l'empire d'un lien moral précédemment invoqué : dès-lors plus de tolérance et plus d'excuse dans l'exécution du traité.

« Or, nous avons devant nous un pays livré à l'anarchie et aux guerres intestines qui, privé d'un Gouvernement fort et intelligent, voit se tarir toutes ses sources de prospérité. En présence d'événements qui ne font que trop pressentir l'avenir, que fera la France, non plus sous l'inspiration d'une sollicitude maternelle pour une colonie à demi émancipée, mais avec la plénitude de sa liberté d'action pour faire respecter des engagements solennels? ce n'est plus le moment d'essayer de réveiller à Haïti une voix de sympathie : la politique ordinaire a désormais, sur cette question, pris la place de toute espèce de sentimentalité. Nous ne sommes plus que des créanciers, non impitoyables, mais armés d'un droit sérieux, et que des concessions exhorbitantes ont dû rendre plus circonspects. L'indemnité reduite à 60,000,000, payables par anuités progressives de cinq ans en cinq ans, et ne devant amener une libération complète qu'en 1868, c'est là une clause tout-à-fait illusoire, surtout depuis l'abolition de la dictature de Boyer, et le déchaînement de l'anarchie. L'insouciance ne serait plus de notre part qu'une faiblesse coupable.

« On n'exige point du Ministère qu'il coure au-devant d'une difficulté. Nous lui demandons de ne point déserter les devoirs imposés par la situation telle que l'a faite le traité de 1838. Puisque, par un acte législatif, les droits de l'état ont été substitués à ceux des individus, il est indispensable d'être en mesure de parler au nom de la France solennellement engagée. La dignité nationale, non moins que les intérêts que représente l'indemnité de Saint-Domingue, ne tolèrent plus ni indifférence ni temporisation. En se portant caution de l'accomplissement d'un traité, le

Gouvernement ne saurait rester exposé aux chances d'une banqueroute sans chercher à se nantir d'un gage équivalent.

« Cette politique est la stricte application du droit international qui préside aux transactions de deux états arrivés l'un et l'autre à une phase d'existence où ne saurait plus intervenir l'antique lien colonial. Qui contesterait la légalité de la conduite de la France, si, pour faire respecter des engagements qui embrassent une période de trente ans, elle revendiquait de gré ou de force, l'occupation de points à sa convenance, afin d'appuyer la validité de ses réclamations ? Il ne faut pas que des concessions antérieures qui ont si considérablement réduit les proportions d'une créance vraiment nationale, servent d'arguments pour l'effacer complètement. Nous voulons bien oublier que l'ancienne colonie de Saint-Domingue, qui occupait directement ou indirectement 7,000,000 d'individus, dont 80,000 français en résidence fixe, rendait chaque année à la France 200,000,000 de francs. Il nous suffit que la République Noire, dont les ressources s'altèrent de plus en plus, ne puisse pas impunément aboutir à l'impossibilité de remplir les engagements qu'elle a librement contractés ou même imposés à la France. Comme peuple civilisateur, nous avons reconnu sa liberté, son indépendance; mais une nation ne se rend digne de ces biens précieux que par sa loyauté et son travail.

« Si des événements auxquels nous sommes étrangers détournent Haïti de cette voie de moralité politique, devons-nous craindre d'assumer la responsabilité d'une résolution énergique ? Il est de ces postes qu'on ne peut déserter sans deshonneur : La question d'Haïti a ce caractère pour la France. L'opinion publique qui vient si manifestement de s'émouvoir à propos de la violation du protectorat de Taïti, ne saurait rester calme devant la ruine de nos intérêts dans un pays où notre souvenir et nos idées sont impérissables. »

EXTRAIT DU JOURNAL : LE NATIONAL,

Du 5 Janvier 1844.

Une feuille de département publie la nouvelle suivante :

« Il est question ici d'obtenir, pour la France, un point à Saint-Domingue, que nous occuperions désormais, et dont on payerait la cession en abandonnant le reste de la dette. Le marché serait avantageux. Nous avons une grande partie de la division des Antilles employée sans cesse à surveiller le pays. »

Comme l'observe très judicieusement la feuille qui la publie, cette nouvelle n'est pas sans importance. Seulement, nous craignons qu'elle ne soit pas très vraisemblable. *La cordiale entente* a bien voulu permettre à M. Guizot d'occuper les arides Marquises et la pestilentielle Nossi-Bé. Mais remettre le pied à Saint-Domingue, planter de nouveau le drapeau de la France sur la reine des Antilles, ceci est autre chose.

Il faut observer en outre que l'acquisition de ce *point* dont on parle, coûterait assez cher. La dette d'Haïti, envers les anciens colons français, ne s'élève pas à moins de 6o,ooo,ooo. Or, ces 6o,ooo,ooo, qui sont propriété privée, le gouvernement n'a point le droit de les abandonner sans le consentement des propriétaires. Si, en échange d'une portion de territoire, qui deviendrait propriété nationale, le gouvernement déchargeait Haïti de l'obligation de payer sa dette, le gouvernement déclarerait implicitement par là qu'il s'en charge lui-même. Est-ce là ce qu'on entend ? Nous ne savons. Mais si la chose n'est guère vraisemblable, elle est fort désirable, dans l'intérêt de la *puissance française* comme dans celui des colons qui attendent depuis si long-temps, et toujours vainement, la chétive indemnité promise à leur misère.

ROUEN. — IMP. DE A PÉRON.

www.ingramcontent.com/pod-product-compliance
Lightning Source LLC
Chambersburg PA
CBHW061602050726
47595CB00009B/3970